DECLARA-
tion du Roy, touchant la cognoiſſance & Iuriſdiction des Aydes, & autres ſubſides.

De l'Imprimerie de Guillaume de Nyuerd,
Imprimeur ordinaire du Roy, & Libraire à Paris, Tenant ſa boutique en la court du Palais.

Auec priuilege dudict Seigneur.

Harles par la
grace de Dieu Roy
de France. A tous
presens & aduenir,
salut, Comme nous
ayons des-pieça receu plusieurs
plainctes & doleances, tant des Fer-
miers de noz aydes, que autres noz
subiectz, pour les fraiz & multipli-
cité de proces esquels ils sont iour-
nellement trauaillez & molestez en
diuerses Iurisdictions, tant par deuant noz Iuges ordinaires que par
deuant les esleuz en premiere instance, & par appel en noz Courts de
Parlement & Courts des Aydes, que
aussi par deuant les Iuges presidiaux
au moyen de la distraction faicte des

A ij

Iurifdictions, & cognoiſſance par noz predeceſſeurs & nous attribuée à noſdictes Courts des aydes pour le ſoulagemēt de noz ſubiects, de tous ſubcides, empruntz, ſolde de cinquante mil hommes de pied, munitions, eſtappes, & autres deniers leuez ſur noz ſubiects, pour quelque cauſe que-ce ſoit par forme de cotiſation, tailles ou autrement. Et depuis nous auroient les gens de noſtre Court des aydes à Paris, faict remonſtrance des foulles, pertes, & dommages que receuoient noz ſubiects, pour raiſon deſdictes diſtractions, tant pour eſtre traictez en diuerſes Iuriſdiction, ſoit en premiere inſtance par deuant noſdicts Iuges ordinaires, & Eſleuz, que par appel en noſdictes Courts de Parlement, & Courts des Aydes, & Iuges Preſidiaux, ſouz pretexte de noz Ordonnances

nances faictes à Orleans & Moulins.
Par lesquelles la Iurisdiction de noz
Aydes auroit esté atribuée à noz Iuges ordinaires en premiere instance priuatiuement à tous autres, &
consequemment par appel à nosdictes Courts de Parlement, & Iuges
Presidiaux, & en-ce faisant nosdicts
Esleuz interdiz de leur primitiue Iurisdiction & cognoissance, & par
appel nostre-dicte Court des Aydes.
Comme il nous est apparu par la
publication faicte en nostre ville de
Lyon, cy attachée souz le contre-
seel de nostre Chancellerie . Et-ce
souz couleur de certaines Declarations par nous faictes és années mil
cinq cens soixante-cinq,& soixante-
sept. Et en consequence de-ce qui
est ordonné par lesdictes Ordonnances d'Orleans & de Moulins, le
tout au grand preiudice de nosdicts

A iij

subiects, eneruation & distraction
de la Iurisdiction attribuée à nostre-
dicte Court des Aydes, des la premiere institution & creation d'icelle, & du tiltre de laquelle nous l'a-
uons honorée & decorée.

Sçavoir faisons que nous con-
siderans de combien importe telle
eneruation & distraction, tant en
nostre seruice, & à la conseruation
& perception de noz droicts, que au
soulagement & commodité de noz
subiects: & attendu que la pluspart
desdictes matieres se deuoient iuger
sommairement selon les Ordonnances sur-ce introduictes, receües &
verifiées en nostre-dicte Court des
Aydes.

Avons par l'aduis & delibera-
tion de nostre tres-honorée Dame
& Mere la Royne, Princes de nostre
sang, & autres grands & notables
personnages

personnages de nostre priué Cõseil,
pour les causes dessusdictes & autres
bonnes & iustes ocasions & conside-
rations à-ce nous mouuãs, & de noz
certaine science, plaine puissance &
auctorité Royal, dict, statué & ordonné, disons, statuons & ordon-
nons, Que nostre vouloir & inten-
tion a tousiours esté (comme enco-
res il est de present) que n'auons
voulu ny entendu, ne voulons & ne
entendons, que pour le present, ny
pour l'aduenir la cognoissance &
Iurisdiction de toutes aydes subsi-
des, empruntz, solde de cinquante
mil hommes de pied, munitions, e-
stappes, & autres deniers leuez par
forme de cottisation, ou autrement
sur noz subiects, appartienne à autres Iuges qu'à noz Esleuz en premiere instance, & par appel à nosdictes Courts des Aydes.

A iiij

L A Q V E L L E cognoissance nous
auons interdicte & deffendue, inter-
disons & deffendons par - ces presentes à tous nosdicts Iuges ordinaires, & à nosdictes Courts de Parlement & Iuges Presidiaux, nonobstāt
lesdictes Ordonnances d'Orleans &
de Moulins, & tous autres Edicts,
Declarations, Prouisions, Verifications de noz Courts & Arrests inter-
uenuz par vertu & au moyen d'i-
ceux : ausquels nous auons desrogé
& desrogeons par-ces presentes, que
voulons auoir lieu, force & vertu.

E T A ceste fin, & que pour l'aduenir il n'y puisse estre contreuenu,
Voulons noz present Edict & De-
claration estre leuz, publiez, & enregistrez en nosdictes Courts de Parlement, & par tout ailleurs ou il appartiendra : & mesmes enregistrez és
Sieges de noz Iurisdictions ordinai-

res,& Sieges Presidiaux,afin que per-
sonne n'en puisse pretendre cause
d'ignorance.

SI DONNONS en mandement à
noz amez & feaulx,les gens tenás noz
Courts de Parlement,grand Conseil,
gens de noz Comptes,Courts de noz
Aydes,Tresoriers generaux,Preuosts
Baillifs, Seneschaux, Esleuz establiz
sur le faict de noz Aydes & Tailles &
à tous noz autres Officiers,Iusticiers,
& autres qu'il appartiendra, que noz
presens Edict,statut & Declaratió ils
entretiennent,gardent & obseruent,
facent garder & obseruer inuiola-
blement, chacun endroict soy, lire,
publier & enregistrer en chacune de
leurs Courts & Iurisdictions,& à-ce
faire souffrir & obeyr, contraignent
& facent contraindre tous ceux qu'il
appartiendra par toutes voyes deües
& raisonnables,nonobstant lesdictes

B

Ordonnances & Declarations , Ar-
rects, Prouisions, sur-ce interuenues,
oppositions ou appellations quels-
conques faictes ou à faire: ausquelles
ensemble à la derogatoire de la derogatoire nous auons derogé & de-
rogeons par-ces presentes de nostre
certaine science , pleine puissance &
auctorité Royal.

Er pour-ce que d'icelles on pour-
ra auoir affaire en plusieurs & diuers
lieux, Nous voulons qu'au vidimus
d'icelles, faict par l'vn de noz amez
& feaux Notaires & Secretaires, foy
soit adioustée comme au present o-
riginal: auquel, afin que-ce soit cho-
se ferme & stable à tousiours nous a-
uons faict mettre nostre séel, sauf en
autres choses nostre droict , & l'au-
truy en toutes. Car tel est nostre plai-
sir . Donné au Plessis lez Tours, au
mois d'Octobre, l'an de grace mil
cinq

cinq cens soixante-neuf. Et de nostre regne le neufiéme

Ainsi signé sur le reply,

Par le Roy, estant en son Conseil,

BRVLART.
VISA.
Et à costé
Et séellées en laps de soye rouge &
vert, de cire vert, du grand séel.

Et sur ledict reply est escript.

*Leües, publiées & enregistrées oy &
ce requerant le Procureur general du Roy,
à Paris en Parlement, le vingt-deuxiéme
iour de Nouembre, l'an mil cinq cens soixante-neuf.*

Signé

DV TILLET.
B ij

Extraict des Regiſtres
de Parlement.

V E v e s par la Court les Lettres patentes du Roy données au Pleſsis, lez Tours, au mois d'Octobre dernier paſſé, ſignées Brulart, Par leſquelles, & pour les cauſes y contenües, ledict Seigneur dict, ſtatue & ordonne n'auoir entendu, & ne veut & n'entend, que pour le preſent, ne pour l'aduenir, la cognoiſſance & Iuriſdiction de toutes Aydes, ſubcides, emprunts, ſolde de cinquante mil hommes de pied, munitions, eſtappes, & autres deniers leuez par forme de cottiſation, ou autrement, ſur ſes ſubiects, appartienne à autres Iuges, qu'aux Eſleuz en premiere inſtance, & par appel à ſes Courts des Aydes. Laquelle cognoiſſance ice-
luy

luy Seigneur interdict & defend par
lesdictes Lettres, tant à ses Iuges ordinaires, que à ses Courts de Parlement & aux Iuges Presidiaux . Non-
obstant les Ordonnances d'Orleans
& de Moulins, & les Edicts, Declarations, Prouisions & Verifications à
ce contraires . Les conclusions du
Procureur general du Roy , & tout
consideré.

La Covrt a ordoné & ordon-
ne que lesdictes Lettres seront leuës
en Iugement en icelle, au premier
iour, & ce faict enregistrées, oy & ce
requerant le Procureur general du
Roy , faict en Parlement, le vingt-
neufiéme iour d'Octobre , mil cinq
cens soixante-neuf.

Collation est faicte.
Signé,
DE HENEZ.
B iij

*Leües, publiées & enregistrées au grand
Conseil du Roy, Auec les Lettres d'atta-
che du seizeiéme de-ce mois, oy & ce con-
sentant le Procureur General du Roy,
A Paris, le vingt-iéme iour de Decem-
bre, l'an mil cinq cens soixante-neuf.*

Signé

LE CLERC.

Leües, publiées & enregistrées en
la Court des Aydes, à Paris, oy & ce
requerant le Procureur General du
Roy, le vingt-troisiéme iour de De-
cembre, l'an mil cinq cens soixante-
neuf.

Signé

LE SVEVR.

EXTRAICT
du Priuilege.

PAR Lettres patentes du Roy, données à Orleans le xxij. Nouembre,
1568. Signées par le Roy, Ro-
BERTET. Et séellées du grand
séel dudict Seigneur, en cire iaune
sur simple queüe. Autres Lettres de Iussion don
nées à Ioinuille le premier iour de Feurier 1569.
signées CHARLES, Et plus bas, Par le Roy,
ROBERTET. Et séellées comme dessus: Verifiées en la Court de Parlemēt à Paris, le vij. iour
de May, audict An. Par lesquelles sa Majest é a
retenu & retient Guillaume de Nyuerd, en l'e-
stat & charge de son Imprimeur ordinaire, en
langue Françoise, pour d'oresnauant le y ser-
uir. Et en-ce faisant luy a aussi permis d'imprimer & exposer en-vente toutes Ordonnances,
Edicts, Mandemens & toutes autres choses qu'il
plaira à sa Majesté faire publier, & autres publi-
cations qui seront faictes par ledict Seigneur,
tant en ses Courts de Parlemēt, qu'autres Courts
& Iurisdictions. Et faict inhibitions & defences
sadicte Majesté, à tous Imprimeurs, Libraires &
autres, d'imprimer, faire imprimer, n'exposer en
vente ce-qui aura esté imprimé par ledict de
Nyuerd, son-dict Imprimeur ordinaire, ny po-
cher, tailler & contre-faire nulles de ses hystoi-
res, Sur les peines contenües esdictes Lettres.

ET
VSTA TE IN STICIA
G P